BEI GRIN MACHT SICH IHR
WISSEN BEZAHLT

- Wir veröffentlichen Ihre Hausarbeit,
  Bachelor- und Masterarbeit

- Ihr eigenes eBook und Buch -
  weltweit in allen wichtigen Shops

- Verdienen Sie an jedem Verkauf

Jetzt bei www.GRIN.com hochladen
und kostenlos publizieren

Bibliografische Information der Deutschen Nationalbibliothek:

Die Deutsche Bibliothek verzeichnet diese Publikation in der Deutschen National-
bibliografie; detaillierte bibliografische Daten sind im Internet über http://dnb.d-
nb.de/ abrufbar.

Impressum:

Copyright © 2000 GRIN Verlag, Open Publishing GmbH
Druck und Bindung: Books on Demand GmbH, Norderstedt Germany
ISBN: 9783638934190

Dieses Buch bei GRIN:

http://www.grin.com/de/e-book/7367/klaus-mehnert-und-die-bundesrepublik-
deutschland

Olaf Kuche

Klaus Mehnert und die Bundesrepublik Deutschland

GRIN Verlag

GRIN - Your knowledge has value

Der GRIN Verlag publiziert seit 1998 wissenschaftliche Arbeiten von Studenten, Hochschullehrern und anderen Akademikern als eBook und gedrucktes Buch. Die Verlagswebsite www.grin.com ist die ideale Plattform zur Veröffentlichung von Hausarbeiten, Abschlussarbeiten, wissenschaftlichen Aufsätzen, Dissertationen und Fachbüchern.

Besuchen Sie uns im Internet:

http://www.grin.com/

http://www.facebook.com/grincom

http://www.twitter.com/grin_com

Seminar für Politische Wissenschaft
Rheinische Friedrich-Wilhelms-Universität
Bonn:

Hauptseminar: **„Intellectual History" der Bundesrepublik Deutschland**

Thema: **Klaus Mehnert und die Bundesrepublik**

Wintersemester: 1999/2000
Vorgelegt von: Olaf Kuche   Bonn, den 13.12.1999

Inhalt

I. Biographische Angaben

- Klaus Mehnert, ev., geb. 10. Okt. 1906 in Moskau,
- Sohn des deutschen Kunstdruckereibesitzers und Malers Hermann M. und dessen Frau Luise, geb. Heuss, die bis zum Ersten Weltkrieg in der deutschen Kolonie in Moskau lebten.
- Abitur 1925 anschließend Studium der Geschichte (speziell russische) in Tübingen, München, Berlin und Berkeley (Kalifornien)
- 1928-29 Studienreisen in Amerika, Japan, China und der Sowjetunion
- Bis 1931 war er Sekretär des Deutschen Akademischen Austauschdienstes
- 1932 Promotion bei Prof. Otto Hoetzsch in Berlin
- 1931-34 Generalsekretär der Deutschen Gesellschaft zum Studium Osteuropas
- 1934-36 Korrespondent deutscher Zeitungen in Moskau
- 1936-37 Gastprofessur in Berkeley
- 1937-41 Dozent an der Universität in Honolulu/Hawai
- 1941-45 Herausgeber der Zeitschrift „The XX. Century" und Professor an der St. Johns University in Shanghai
- 1945 Internierung in China
- 1946 auf einem US-Repatriierungsschiff Rückkehr nach Deutschland
- 1949-1954 Chefredakteur der Wochenzeitung „Christ und Welt"
- ab 1950 weltpolitischer Kommentator des Bayerischen Rundfunks, des Süddeutschen Rundfunks und ZDF-Fernsehens ab 1955 Kolumnist und Autor verschiedener überregionaler Zeitungen
- 1961-72 (Emeritierung) lehrte M. Politische Wissenschaften an der RWTH Aachen
- gest. 2. Jan. 1984 in Freudenstadt

II. Klaus Mehner und die Bundesrepublik Deutschland

- Ein Kosmopolit, Journalist und Politologe der trotz seiner Weltoffenheit immer deutscher Patriot geblieben war. Er litt seit Anfang an unter der Teilung seines Vaterlandes und versuchte durch seine profunden Kenntnisse der Machtverhältnisse in der Sowjetunion und Amerika, einen gangbaren Weg der deutschen Politik gegenüber den Großmächten zu finden.

- Mehnert tritt ein für eine Entwicklung Deutschlands hin zu einer modernen Gesellschaft. Eine Gesellschaft, die sich bewußt und erfolgreich mit den Aufgaben, die an sie gestellt sind und in der Zukunft gestellt werden, auseinandersetzt. (Leistungsgesellschaft)

- Deutschland prognostizierte er eine bildungspolitische Katastrophe.

- Die Herausbildung einer geistigen Elite mit gleichen Chancen auf Förderung für alle Begabten gehörte ebenso zu seinen Anliegen, wie die Gestaltung der internationalen Politik von deutscher Seite aus.

- Die Lösung der deutschen Frage sieht er als ein Interesse des gesamten europäischen Kontinentes sowie seines Friedens- und seines Wohlstandeswillens an. Jedoch betont er, daß die Vereinigung Europas an erster Stelle stehen müsse.

- Als einer der Ersten setzte er sich für die Entwicklungshilfe in der Dritten Welt ein. Er sieht durch ein Zusammengehen mit ihr, neue politische als auch wirtschaftliche Bewegungs-möglichkeiten entstehen, die das von den beiden Machtblöcken argwöhnisch bewachte Europa nicht bieten kann.

Literatur:

Klaus, Mehnert: Asien, Moskau und Wir. Stuttgart 1956.

Winfried, Böttcher u.a. (Hrsg.): Das große Dreieck. Washington-Moskau-Peking. Stuttgart 1971.

Klaus, Mehnert: Ein Deutscher in der Welt. Erinnerungen 1906- 1981. Stuttgart 1981

Klaus, Mehnert: Der deutsche Standort. Stuttgart 1967.

Zur Biographie

Klaus Mehnert gehört zweifellos zu den interessantesten Persönlichkeiten der deutschen Publizistik, dessen Einfluß auf die öffentliche Meinungsbildung wie die Politik in den ersten Jahrzehnten der Bundesrepublik Deutschland gar nicht hoch genug eingeschätzt werden kann. Das lag vor allem daran, daß er einer der wenigen ausgewiesen Spezialisten für Osteuropa, Asien und Amerika war, der die politischen Entwicklungen in Rußland, China und den USA nicht nur von außen beurteilte, sondern die Staaten aus eigenem Erleben bestens kannte.

Wie er selbst in seinen Erinnerungen schreibt, spielte sich ein beträchtlicher Teil seines Lebens in diesem weltpolitischen Dreieck ab. Dabei ist Mehnerts Lebenslauf ebenso ungewöhnlich wie abenteuerlich. Sie spiegelt auch die wechselvolle Zeitgeschichte unseres Jahrhunderts wieder, die er einerseits leidend erdulden mußte, andererseits aber auch aktiv als unabhängiger Beobachter begleitete und besonders nach 1946 in Deutschland tatkräftig mitzugestalten versuchte.

1906 als Sohn eines großbürgerlichen Fabrikanten, der als deutscher Kriegsfreiwilliger 1917 in Flandern fiel, in Moskau geboren, wuchs er zweisprachig (deutsch und russisch) auf. Über seine frühe Kindheit in Rußland, die ihn offensichtlich für das ganze Leben prägen sollte, schreibt er in seinen Erinnerungen („Ein Deutscher in der Welt"): „Die Moskau-Deutschen erfreuten sich des Besten in zwei Welten, ohne gezwungen zu sein, sich für eine von beiden zu entscheiden. Sie lebten inmitten eines Volkes, das für seine Gastfreiheit bekannt war, verdienten gut bis sehr gut, waren angesehen und blieben doch Deutsche . . . Sie zahlten pünktlich ihre Steuern, investierten ihr Einkommen in Rußland und nahmen an seinem geistigen Leben teil; in politischer Hinsicht aber waren sie Zuschauer."

Daraus resultiert wohl auch Mehnerts publizistisches Credo:

Zitat „Das mag dazu beigetragen haben, daß ich in meinem späteren Leben in fremden Ländern bei allem Interesse an deren innerer Entwicklung ein Beobachter blieb, mich also nicht für die eine oder andere Richtung engagierte, weil das ja nicht Sache eines Ausländers sein konnte." Zitat Ende

Ein zweites wesentliches Element, das sein Leben bestimmte, war sein Bekenntnis zum Deutschtum. Auch dies sicherlich eine Folge seiner Herkunft aus dem Auslands-Deutschtum, daß sich von der Gesinnung her immer deutscher fühlte als die Deutschen daheim. Dieses Bekenntnis zieht sich wie ein roter Faden durch seine Lebenserinnerungen, so daß man Mehnert trotz aller Weltoffenheit als einen überzeugten deutschen Patrioten – im besten Sinne des Wortes – charakterisieren kann. So widerstand er auch während seiner Dozententätigkeit in den USA von 1937 bis 1941 allem Drängen seiner Gastgeber, die amerikanische Staatsbürgerschaft zu beantragen. Er wollte nicht als Emigrant in die Heimat zurückkehren.

Schon während seines Studiums konzentrierte sich Mehnert auf die Themen, die ihn sein ganzes Leben beschäftigen sollten: Osteuropa und Asien. Bei dem Osteuropa-Experten, Prof. Otto Hoetzsch in Berlin, promovierte er mit einer Arbeit über die Auswirkungen des Russisch-Japanischen Krieges 1905. Sein Doktorvater sorgte dann auch dafür, daß Mehnert 1931 Generalsekretär der Deutschen Gesellschaft zum Studiums Osteuropas und Schriftleiter der Zeitschrift „Osteuropa" wurde.

Nach der Machtergreifung der Nationalsozialisten 1933 versuchte er sich den politischen Zwängen in Deutschland zu entziehen und gewann drei große deutsche Regionalzeitungen, die ihn als Korrespondent nach Moskau entsandten (1934 – 1936). Als die Tätigkeit für einen deutschen Journalisten während der Zeit der Stalinistischen Säuberungen in der Sowjetunion zu schwierig wurden, wich Mehnert nach USA aus, wo er eine Gastprofessur in Berkely/Kalifornien annahm. Der anerkannte Osteuropa-Experte, der in seiner einzigen Ehe von 1933 bis 1955 mit einer Amerikanerin verheiratet war, blieb bis 1941 in den USA, genauer gesagt als Professor für Politische Wissenschaft und Neue Geschichte an der University of Hawaii. Kurz vor Kriegseintritt der Amerikaner (Stichwort: Pearl Harbour) in den Zweiten Weltkrieg bekam er den Auftrag des Auswärtigen Amtes in Berlin, in Japan eine neue geopolitische Zeitschrift mit dem Titel „The XX.Century" herauszugeben. Da ihm Japan nicht zusagte, verlegte er den Ort der Herausgabe der Zeitschrift nach Shanghai, wo das renommierte außenpolitische Blatt bis 1945 erschien. Nach zehnmonatiger Internierung in China wurde Mehnert mitsamt der deutschen Kolonie von einem US-Kriegsschiff nach Deutschland repatriiert.

Wie prominent der weitgereiste und weltgewandte Publizist in seiner deutschen Heimat war, zeigt die Qualität seiner politischen Kontakte in der Nachkriegszeit. Zunächst fand er eine vorläufige Anstellung beim Hilfswerk der Evangelischen Kirche in Stuttgart, das von Eugen Gerstenmaier, dem späteren Bundestagspräsidenten, gegründet worden war. Zu den wichtigsten Männern der ersten Stunde, die sich intensiv mit dem demokratischen Neuaufbau der Bundesrepublik beschäftigten, gehörten neben Mehnert und Gerstenmaier Thomas Dehler (später Justizminister), Theodor Heuss (später Bundespräsident), Heinrich von Brentano (später Außenminister) und viele andere.

Mehnert besaß für die deutschen Politiker in dieser Zeit auch eine wesentliche Schlüsselrolle als internationaler Vermittler, der die handelnden Personen in den Regierungen der Großmächte zum großen Teil persönlich kannte. Erwähnt sei hier nur sein enges Verhältnis zum früheren US-Botschafter in London George Kennan, den er bereits in Moskau kennen und schätzen gelernt hatte und der inzwischen (1948) zum Chefplaner der US-Außenpolitik avanciert war. Gleiches galt für Persönlichkeiten auf der sowjetischen Seite. Die Aktivitäten Mehnerts waren fast grenzenlos. Er befaßte sich mit allem und jedem. Neben der sozialen Arbeit im Hilfswerk kümmerte er sich um den Wiederaufbau der deutschen Ostforschung, schrieb Memoranden zur Lage in Deutschland, gab ein Deutschland-Jahrbuch heraus, hielt Vorträge und publizierte in den verschiedensten Zeitungen und Zeitschriften.

So war es nur logisch, daß ihn Gerstenmaier 1949 bat, die Chefredaktion der von ihm gegründeten Wochenzeitung „Christ und Welt" zu übernehmen. Diese Position bekleidete er bis 1954. Seine Popularität in der politisch interessierten Bevölkerung begründete er aber mit seiner regelmäßigen Tätigkeit im Rundfunk ab 1950. Zuerst für den Bayerischen und dann für den Süddeutschen Rundfunk sowie den Deutschlandfunk sprach er jeden zweiten Samstag einen 15 Minuten langen Kommentar „Zur Politik der Woche", der im Laufe der vielen Jahre zu einer Institution werden sollte. Mehnert prägte damit das Meinungsbild einer ganzen Generation von Zuhörern über die weltpolitischen Zusammenhänge und besonders die Sowjetunion. Später kamen zahlreiche Fernsehauftritte (Höfers „Frühschoppen" und Diskussionsrunden im ZDF dazu). Nicht zuletzt seine zahlreichen Bücher („Der Sowjetmensch", „Peking und Moskau", „China nach dem Sturm" „Maos zweite Revolution" etc.), die alle Bestseller wurden mit über 100.000 Auflage, mehrten den Ruhm des polyglotten Autors.

Mehnert war so populär, daß ihn sogar Adenauer 1957 für eine Bundestagskandidatur der CDU in Baden-Württemberg gewinnen wollte, was er dankend ablehnte. Seine Begründung: „Es wäre schön, wenn sich politisches Schreiben und politisches Handeln vereinigen ließen. Aber die Glaubwürdigkeit des Publizisten beruht auf seiner Unabhängigkeit."

Trotz der hohen Wertschätzung, die Mehnert im In- und Ausland besaß, zog er am Ende seines Lebens doch ein eher ehrliches Resümee: „Als ich in den Beruf eines Beobachters der Weltpolitik hineinwuchs, waren meine Erwartungen bescheiden,und das Ergebnis ist es auch. Hätte ich mir vorgenommen, die Welt zu verändern oder Werke von dauerndem Wert zu schaffen, müßte ich mit bitterer Enttäuschung auf Hunderttausende von Reisekilometern, auf mein langes Leben überhaupt zurückblicken. Aber solche Erwartungen habe ich nie gehegt. Ich wollte die Welt nicht verändern, sondern den Mitmenschen helfen, sie zu verstehen, sich in ihr zurechtzufinden; nicht für die Nachwelt wollte ich schreiben, sondern für meine Zeitgenossen."

Das würde ich als ein nobles Fazit des erfüllten und wirkungsreichen Lebens eines politischen Menschen bezeichnen.

Seine politischen Auffassungen

Am klarsten hat Mehnert in seinem Buch „Der deutsche Standort" seine politischen Auffassungen dargelegt. Er versteht seine Schrift nicht als Untersuchung oder Aneinanderreihung demoskopischer Statistiken, sondern eher als Beitrag zur Bestimmung des deutschen Standortes und des deutschen Weges in die Zukunft. Ohne einen fest umrissenen Standort, ohne eine Vision steht Deutschland für ihn vor einem unüberwindbaren Problem. Nämlich vor der Unsicherheit, die solch eine Orientierungslosigkeit mit sich bringt und die Deutschland weder befähigt, einen Beitrag zur Lösung der Weltprobleme der Nachkriegszeit zu leisten, noch das wenig erfreuliche Bild, das die Welt von den Deutschen hat, zu korrigieren.

In seiner Vorstellung von der Entwicklung einer modernen Gesellschaft charakterisiert er den Begriff: Mit modern meint er eine Gesellschaft, die sich bewußt und erfolgreich mit den Aufgaben, die an sie gestellt sind, auseinandersetzt. Wie z.b. mit denen aus der Sozialstruktur, der Kultur und Erziehung, der Moral, der Politik, des Umweltbewußtseins und der Entwicklungshilfe. Er betont, daß sich seine Ziele radikal von denen der beiden untergegangenen deutschen Reiche unterscheiden sollen. Sie sollen also nichts mehr mit Nationalismus, politischer, militärischer und wirtschaftlicher Vorherrschaft zu tun haben. Ganz im Gegenteil sollen sie eine Anregung für sich neu stellende Aufgaben sein und Hilfestellung in der Orientierung in der damaligen Zeit bieten.

Die Deutschen in der Vergangenheit

In dem Kapitel „Wir Deutschen und die Vergangenheit" versucht Klaus Mehnert in seinem Werk, die vielgeschmähte Natur der Deutschen zu erklären. In seinem historischen Rückblick kommt er zu dem Schluß, daß das deutschen Volk keinen speziellen „verbrecherischen" Charakter besäße. Er beurteilt die „Deutsche Diktatur" Hitlers und die durch seine Handlanger verursachten Greueltaten und Verbrechen nicht als eine nur den Deutschen eigene und unabdingbare vorhersehbare Kette von Handlungen. Vielmehr versucht er aus jenen zwei „deutschen Tugenden"- Pflichttreue und Disziplin - die Erklärung für das Geschehene herzuleiten. Für ihn hatten Hitler und Himmler die überwiegende Mehrheit ihrer Untergebenen eben nicht durch Appelle an Sadismus, Raub- und Mordlust gewonnen, sondern beide hätten vielmehr die Menschen an ihrer Pflichttreue, Disziplin, dem Stolz auf eigene Autorität und Befehlsgewalt zu packen verstanden. Sie hätten es also geschafft, Eigenschaften, welche die Deutschen als nationale Tugenden verehrten, in nationale Laster zu verkehren. Daraus verlangt M. von allen Deutschen zu lernen, daß Pflichttreue und Disziplin zu Lastern werden können, wenn sie nicht an bestimmte, ihrerseits sittlich legitime Inhalte gebunden sind. Auch die Kriegsschuldfrage, bezüglich des Ersten Weltkrieges, mit der er sich schon 1933, im Zuge seiner Arbeit für die osteuropäische Gesellschaft, beschäftigt hatte, lehnte er für Deutschland ab. Er schließt sich dabei der Arbeit führender russischer Historiker an, die ihrem Volk die Schuld der früheren Zarenregierung am Ausbruch des I.WK. beweisen wollten.

Hier wird eine gewisse Tendenz Mehnerts deutlich. Er wollte nicht die Schuld Deutschlands generell ableugnen oder aber die Schuld bei Anderen suchen, sondern er forderte vielmehr eine gewisse Objektivität für die damaligen politischen Zusammenhänge und gab sich nicht mit pauschal Urteilen über ein ganzes Volk zufrieden. Er war auf seine Art Patriot und wollte schon deshalb Deutschland wieder einen Platz in der Gemeinschaft der europäischen Völker einräumen, auf den es seiner Meinung nach Anspruch hat. Auf der anderen Seite hatte er aber auch kein Verständnis für die Wehleidigkeit und das Klagen vieler Nachkiegsdeutscher über ihre Behandlung durch die Alliierten, da er für sich und Deutschland die Schuld und Greultaten des Zweiten Weltkrieges vollständig anerkannte und sich dadurch auch das Verhalten der Siegermächte für ihn erklärte.

Die Deutschen und die Gegenwart

Wie solle es weitergehen mit den Deutschen? fragte er.

Zitat Anfang „Ein politischer Riese zu werden kann nicht unsere Sache sein. Aber ein 75-Millionen Volk im Herzen Europas braucht eine Vorstellung von seinem Platz in der Welt, soll es sich nicht selbst verächtlich werden. Der gefährliche Glaube an eine Weltmission ist uns heute so fern gerückt, daß wir ihn auch bei anderen nur noch mit Kopfschütteln wahrnehmen können. Unsere aktuelle Gefährdung liegt eher im Gegenteil – in der Überschätzung des Privaten, in der Abkehr von der Verantwortung für die Gesellschaft." Zitat Ende

Er sieht daher den richtigen Weg in dem Bemühen um „würdige Aufgaben". Diese an uns gestellten Aufgaben können laut M. aber nur von einem Volk erfüllt werden, daß auf der Höhe seiner Zeit steht, für ihn nur von einem modernen Volk und einer modernen Gesellschaft. Doch da steht es seiner Meinung nach für die Zukunft schlecht um Deutschland als Forschungs- Bildungs- und Wirtschaftsstandort. In vielen Bereichen (Flugzeugbau, Tiefsttemperaturphysik, Computer-Entwicklung, Weltraumforschung etc.) kaum ersthaft vertreten, prognostiziert er einen täglich größer werdenden Abstand und dadurch ein Abgleiten in die Zweit- oder gar Drittrangigkeit und über Kurz oder Lang eine Abhängigkeit zu den führenden Weltmächten, wie die der Entwicklungsländer zu den Industrienationen.

Auch ist für ihn eine der Grundvoraussetzungen durch Deutschland, welches ja eigentlich in diesem Zeitalter modern sein will, noch nicht gänzlich erfüllt worden. Denn zu stark seien noch Klassen- und Standesschranken, die die eine Hälfte des Volkes leistungsgleichgültig machen. Es müsse mehr gefördert werden, was die Leistung steigert, ist sein Wunsch und damit meint er – die Vielfalt der Begabungen der Menschen und die Intensität des geistigen Lebens in Deutschland.

Doch von solch einer Leistungsgesellschaft ist Deutschland seiner Meinung nach noch weit entfernt. Viele Menschen sperrten sich noch gegen sie.

Hinzukäme die deutsche Befangenheit in ihrem täglich wachsenden Wohlstand, mit dem sie die Klassen als automatisch überwunden ansähe Man vergesse dabei, daß die Klasse eine Sache der Wertvorstellungen durch Erziehung und Bildung bleibe und daher von der Höhe des Einkommens völlig unabhängig sei. So wirkten für ihn die Klassengrenzen am folgenschwersten auf den Gebieten der Erziehung und Bildung fort, die ja auf dem Weg zu einer Leistungsgesellschaft einen entscheidenden Beitrag liefern sollten. Während die Arbeiterschaft in Deutschland fast die Hälfte der Bevölkerung ausmache, stellten sie nur 5 % der Studierenden.

Auch im internationalen Vergleich schneide Deutschland, was den Bildungsstandort betreffe, mit der geringsten Anzahl an Studierenden im Verhältnis zur Gesamtbevölkerung besorgniserregend schlecht ab. Hinzu käme ein weit schlimmerer Umstand, der so genannte „Bildungsnotstand", welcher erst 1963 von dem Sekretätriat der Kultusministerkonferenz erkannt wurde. Damit wäre die schlechte Gesamtlage der deutschen Bildungseinrichtungen gemeint, denn es fehlte bis zum Jahre 1970 an mindesten 300.000 neuen Lehrkräften, sowie neuen Klassen-, Fachunterrichts- und Gemeinschaftsräumen, um dem Ansturm der Schüler und Abiturienten aus den geburtenreichen Jahrgängen Herr werden zu können.

Weiterhin verglich er das Schulsystem mit drei hohen durch Brandmauern getrennte Baukörper. In dem ersten Gebäude bringe ein Aufzug die Masse der Schüler bis zum achten Stock, im zweiten fährt der Aufzug bis zum zehnten Stock und im dritten fährt ein sehr kleiner Lift die wenigen Schüler bis zur dreizehnten Etage. Übergänge von einem Lift in den anderen sind laut M. nicht verboten, aber nur mit einem Spezialschlüssel möglich, den nicht jeder bekommt. Allzuoft sei nicht die Begabung, sondern die soziale Position den Vaters entscheidend.

Dies helfe weder die Klassengesellschaft zu beseitigen noch führe es zu einer ausreichenden Zahl an hochschulreifen Absolventen. Somit sei eine bildungspolitische Katastrophe von morgen in erreichbare Nähe gerückt.

Zu einem weiteren Anliegen Klaus Mehnerts gehörte die Bildung einer neuen Elite, gefördert durch den Staat und zugänglich für jedermann. In seiner Vorstellung sollte sich eine stets erneuernde Leistungselite herausbilden. Er meint damit ganz wertfrei nicht die traditionellen Eliten, die mit dem Ende des Kaiserreiches versanken, sondern die Menschen die sich durch ihren Aufstiegswillen ungeachtet ihrer Klassenzugehörigkeit nach oben arbeiten.

Die Lösung der deutschen Teilung

Doch wie sah nun nach Meinung des Patrioten M. die Lösung für die deutsche Teilung aus? Während des Zweiten Weltkrieges erschien in Amerika, bald auch in anderen Ländern das Buch des damals sehr populären amerikanischen Politikers Wendell L. Willkie, „One World", in deutscher Übersetzung „Unteilbare Welt". Zu dieser Zeit wirkte der Titel wie die Verheißung einer besseren Zeit auf alle Welt, auch auf das später geteilte Nachkriegsdeutschland.

Für Mehnert stand fest, daß zu allererst, da die Eine Welt auf lange Zeit nicht abzusehen war, Frieden und Freiheit auch in den darauffolgenden Jahrzehnten am besten gesichert wären, wenn auf unserer Erde einige wenige Großmächte nebeneinander stehend sich durch vielfältige elastische Beziehungen miteinander verbunden sehen würden. Zu den bestehenden Großmächten USA, UDSSR und später China müßte seiner Meinung nach eine weitere hinzustoßen, daß vereinigte Europa. Dies würde die Europäer den Weltmächten zwar nicht ebenbürtig machen, doch wüßten sie konstaniert er, daß der Zusammenschluß Europas auch ohne nennenswertes Atomwaffenarsenal – zur dritten Macht der Erde, zu einem mächtigen Reservoir geistiger Kräfte machen würde.

Da den Europäern klar wäre, daß ihr Kontinent die Bewährungsproben der nächsten Jahrzehnte nur im Falle seiner Einigung bestehen werde, schließe sich auch eine Lösung der deutschen Frage im Interesse des Kontinentes, seines Friedens- und seines Wohlstandeswillens mit ein. Den ernsten und für ihn verständlichen Bedenken unserer Nachbarn gegen ein wiedervereinigtes Deutschland erwiderte er, daß selbiges in die Vereinigten Staaten von Europa so eingebettet und integriert wäre, daß es eher zum Segen der Staatengemeinschaft als denn zu ihrem Schrecken gereichen würde. Europa gewänne nichts wenn Deutschland geteilt bliebe, ganz im Gegenteil die Deutschen wären immer noch heimat- und ruhelos und könnten nicht zu sich selbst finden. Weiterhin wünscht er sich kein neues europäisches Einheitsvolk, sondern ein vereintes Europa, daß sich seine reiche Vielfalt seiner Völker und Kulturen, indem sich nirgendwo auf der Welt so viele geistige Zentren auf so engem Raum befinden, bewahrt um durch gegenseitiges stimulieren und kluge Koordination, seinen Platz in der vordersten Reihe wieder einnehmen kann.
Jedoch die größte Schwierigkeit in der Aufhebung der Teilung, sieht er in dem Verhältnis zwischen Deutschland und der Sowjetunion. Dort prophezeit er eine lange Dauer für die beiderseitige Überwindung der Hindernisse aus der Vergangenheit voraus bis es endlich zu einem Einsetzen der Entspannung kommt.

Wir Deutschen und die Dritte Welt

Auch der Entwicklungshilfe widmete Klaus Mehnert ein eigenes Kapitel. Wie er hatten viele westliche Politiker die Wichtigkeit und die Möglichkeiten die in diesem relativ neuen Politikfeld in wirtschaftlicher und politischer Hinsicht lagen erkannt. In einer Zeit in der der Westen versuchte den Einzug des Kommunismus in die Dritte Welt einzudämmen, erkannte Mehnert aus dem Versuch Jugoslawiens sich nach dem Bruch mit Stalin durch den Anschluß an die Dritte Welt einen neuen politischen Spielraum zu verschaffen, ganz neue Möglichkeiten für die deutsche Ost-West-Politik.

Durch die Zusammenarbeit mit den Staaten der Dritten Welt, sah er neue politische wie auch wirtschaftliche Bewegungsmöglichkeiten entstehen, die das von den beiden Machtblöcken argwöhnisch bewachte Europa nicht bieten konnte.

Hinzukam das sich für Deutschland endlich eine Möglichkeit bot den Stimmen die es der Unverbesserlichkeit bezichtigten, zu zeigen, daß sich in einer Generation die Gesellschaft gewandelt hatte und das weit mehr als nur zum Guten, sondern auch zum Modernen.